AF339510

L 42
6
1569

JUSTIFICATION

DES ARMÉES,

ACCUSÉES D'AVOIR VIOLÉ

LE PACTE SOCIAL

PAR UNE DÉLIBÉRATION.

Avec l'inscription que la patrie doit consacrer aux cendres des héros morts pour la liberté.

PAR J. B.

Ancien Officier de Cavalerie.

La loi est le seul souverain à qui il faut obéir
ARISTOTE. *Politique.*

AN V DE LA RÉPUBLIQUE.

A V I S.

Cette Justification allait paraître, au moment où le Directoire a enfin frappé le coup qui sauve la patrie. Il en avait été prévenu par le libraire, qui lui avait même nommé l'auteur. Je n'y change que trois ou quatre mots, et l'on verra combien j'étais d'accord avec ses vues sur cet heureux événement.

JUSTIFICATION

DES ARMÉES,

ACCUSÉES D'AVOIR DÉLIBÉRÉ,

Et violé ainsi l'Article 275 du Pacte Social de la République Française.

Magna exercitûs præmia, et multò maximum decus si incolumitatem Republicæ sine sanguine quæsierit.

TACITE.

Nul corps ne peut délibérer, dit notre constitution : tel est l'article que l'on cite contre les nombreuses signatures que les soldats des armées ont fait passer au Pouvoir Exécutif. Sans doute la force armée ne doit pas délibérer : c'est un principe qui a toujours été sacré dans les Gouvervemens bien administrés ; c'est-à-dire, dans ceux dont *les chefs faisaient moins de cas de leur propre vie, que de celle du soldat*, comme Alexandre Sévère, selon Lampride. Plutarque, Tacite, Végèce, appuient également sur cet axiôme, d'où dépend le salut des États, et même celui du soldat : autrement, l'armée devient une force aveugle qui se précipite elle-même. *Vis consilii expers mole ruit suâ.*

Il est bien rare de voir le soldat prendre le parti de délibérer lorsque l'État pourvoit

A

à tous les besoins de l'armée; lorsqu'elle sait, comme dit (1) Végèce, que sa *substance* est auprès de ses drapeaux.

Or, quelle a été la position de nos armées depuis quelque-tems? Quel est leur espoir après cette terrible guerre qui a ébranlé presque toute l'Europe ? *Celui d'une récompense.* Mais où est cette récompense, ou, comme dit Végère, cette *substance?* C'est dans le sein de la patrie même, où les armées ont à demander après la guerre la jouissance de la valeur d'un milliard qui leur a été décrété : or, cette récompense ne peut avoir lieu qu'autant que le Gouvernement pour lequel elles ont combattu, subsistera dans son intégrité. Comment donc subsistera ce Gouvernement, si des factieux emploient tous les moyens imaginables pour le renverser, pour ramener le régime qu'on a anéanti, en le remplaçant par le systême d'une liberté fondée sur l'observation de la loi? Les soldats ne pouvaient ignorer long-tems les tentatives que font ces factieux depuis l'accession du nouveau tiers. En effet, ces nombreux écrits polémiques du jour ne montrent - ils pas jusqu'à l'évidence que tout tend à dissoudre les liens du corps politique, par les coups qu'on porte sans cesse au pacte social?

---

(1) *Miles qui sumtus suos scit apud signa depositos magis diligit signa ; pro illis fortiùs dimicat, more ingenii humani, ut pro illis maximam curam habeat in quibus videat positam esse substantiam.*

Le soldat devait-il apprendre avec indifférence qu'on voulût ainsi le frustrer d'une récompense aussi légitime ? Mais ce sont des brigands, disent lâchement des journalistes payés pour insulter à la bravoure de ces vaillans soldats. Si le soldat était devenu tel, à qui en imputer la faute ? Sans doute les chefs devaient toujours avoir devant les yeux cette réflexion d'Aurélien , selon Vopiscus : « Si tu veux être tribun militaire, » et même ne pas exposer ta vie, aie soin » que le soldat ne prenne pas un poulet, » pas un œuf, pas une grappe de raisin ». Mais, si vous voulez que le soldat soit ainsi tenu, suivez donc l'avis de Végèce : « Qu'il » ne soit pas porté au vol par le besoin, » et même bientôt à la guerre civile » , guerre qui paraît n'être que trop désirée par les ennemis, tant extérieurs qu'intérieurs de la république. En effet, en laissant le soldat dans une telle pénurie, n'est ce pas le moyen d'amener cette horrible convulsion ?

Qu'a fait le soldat citoyen en apprenant ces trames coupables? Il a recueilli le vœu général de l'armée, pour deux motifs: le premier fut celui de s'assurer de la loyauté de ses compagnons d'armes, et de se convaincre que la patrie avait encore de fidèles défenseurs: le second, de protester au Pouvoir, qui met les armées en activité, que malgré les machinations des Français assez lâches pour trahir la chose publique, le soldat ne trahirait pas son serment; qu'au contraire, il serait toujours prêt à verser son sang, et à maintenir le pacte social auquel la nation a voulu attacher son bonheur.

Est-ce donc là une délibération ? L'armée a-t-elle ouvert le moindre avis ? A-t-elle proposé la moindre réflexion sur les intérêts militaires ou politiques ? A-t-elle paru porter atteinte à la moindre subordination ? Non : « Elle a dit: nous avons com-
» battu pour la liberté , notre sang coulera
» encore pour elle s'il le faut, et nous sau-
» rons anéantir les traîtres qui veulent se
» baigner encore dans le sang de leurs frères:
» oui, nous serons fidèles à notre devoir ».
Voilà ce qu'a fait , ce qu'a dit le soldat, rien de plus. Est-ce donc là cette infraction à la loi ?

Certes, la *substance* du soldat est auprès de ses drapeaux ; c'est-là qu'il l'a méritée, en versant son sang pour plaider victorieusement les droits de l'humanité outragée depuis si long-tems par les crimes de la monarchie. Français , qui avez été stupéfiés jusqu'à l'insensibilité par l'adoration que vous rendiez à vos maîtres, tandis que d'un autre côté, vous les chargiez d'imprécations à la vue de leurs désordres scandaleux , et lorsqu'ils vous faisaient sentir tout le poids de leur verge de fer , vous n'avez commencé à revenir de cette stupeur, que lorsque vous avez vu briller la première étincelle de cette liberté légitime, dont la nature a fait le plus bel apanage de l'homme : mais cette liberté, vous ne l'avez apperçue que sous le nuage obscur qui vous couvre encore les yeux ; c'est pourquoi vous la ca-

(5)

lomniez, vous la refoulez de tous vos efforts
au moment où vous la voyez se présenter
pour briser les fers sous lesquels vous avez
si long-tems gémi !

Ce soldat courageux est sur-tout l'objet.
de votre haine, de votre mépris, parce que
vous avez l'âme assez peu élevée pour con-
fondre un soldat mercenaire avec celui que
l'amour de la patrie enflamme, et qui a
juré de faire son devoir en homme libre ;
vous ne voyez en lui qu'un obstacle insur-
montable à vos factions, et vous calomniez
celui qui mérite d'autant plus de gloire,
qu'il veut aujourd'hui garantir le citoyen
de tremper ses mains dans le sang de son
frère. *Magnâ exercitûs præmia, etc.*

Qu'eussiez-vous dit, ingrats , si attachés
sincèrement au pacte social, au lieu de
tenter de détruire tout, vous eussiez vu ce
soldat méconnaître son serment de citoyen,
abandonner ses drapeaux et la France à
l'ennemi, qui voulait et veut encore la dé-
vaster ? Eh bien ! ce soldat n'est-il pas en
droit de vous combattre par votre propre
pensée, en opposant l'intérêt général de
la patrie à vos intérêts particuliers, sa pro-
bité à votre perfidie ; et de vous dire avec
César : « Non, il n'y a plus de paix, ni
» d'union à faire avec ceux qui ont une
» fois violé leurs conventions ». Si donc
ce soldat, au lieu de se contenter de trans-
mettre la protestation de sa fidélité à la
loi, était revenu sur les factieux en mé-
connaissant l'obéissance qu'il doit à ses

chefs, pour immoler les ennemis du bien public, et en laisser les cadavres à déchirer aux vautours, aurait-il été totalement injuste? Non; et vous, vous voulez l'être à son égard!

Outre la récompense promise au soldat, et sur laquelle il ne peut jamais être indifférent, il avait encore à réclamer le droit de cité que les factieux voulaient lui ravir; ce droit d'où découlent des avantages si flatteurs pour l'homme qui sent qu'il a une patrie, une propriété personnelle dont on ne jouit que précairement sous un gouvernement arbitraire. Devait-il donc aussi être indifférent en se représentant ses foyers, ceux de ses pères, sa famille, ses amis en proie aux fureurs qui ont tant dévasté de choses pendant l'anarchie précédente, si le pacte social venait à être violé, et enfin dissous par les manœuvres des factieux? Et vous reprochez à ce soldat d'avoir surveillé des intérêts aussi chers, d'avoir, même malgré vous, été si attentifs à votre propre sûreté!

Sous le gouvernement arbitraire d'un souverain qui, la plupart du tems, ignore jusqu'à quel point les sujets sont vexés, pillés, maltraités, ou même jetés à son insu dans d'affreux cachots par l'abus de la puissance de ses créatures, il est certain que le soldat, n'ayant aucun intérêt direct au bonheur de ses semblables, puisqu'ils n'ont pas plus de patrie que lui, que le soldat, dis-je, n'a plus aucun vœu à émettre sur la conservation d'un corps politique qui n'existe que

dans la personne du maître. Le soldat n'est-
là qu'une machine ambulante. L'intérêt du
maître l'oblige même à ne s'entourer que
d'une troupe mercenaire d'étrangers, parce
qu'il vit au milieu de ses sujets comme avec
autant d'ennemis : or, ces mercenaires, ne
tenant à aucun corps politique, ne doivent
qu'attendre l'ordre du despote pour agir,
pour emprisonner, égorger les sujets du
maître qui les tient à sa solde, s'il l'or-
donne, comme la France ne l'a que trop
souvent vu avant la révolution. C'est ainsi
que dans Rome le magistrat qui n'avait de
garde que celle du citoyen, ayant été rem-
placé par des maîtres absolus après la ruine
de la République, ces maîtres ne furent
gardés que par des étrangers mercenaires.
Un tel garde ne connaît que le regard
du maître qui est, comme son satellite,
étranger dans le palais qu'il habite au sein
de ses États. Le soldat citoyen, au contraire,
lié par les intérêts les plus chers au salut de
la patrie, ne peut plus voir avec indifférence le trouble se répandre dans le sein du
corps politique dont il fait partie. Si donc
il est averti du danger, n'a-t-il pas incontes-
tablement le droit de dire au magistrat qui
met la force armée en action : « Oui, je réi-
» tère l'assurance de ma fidélité à l'État,
» et à vos ordres j'exterminerai les rebelles;
» c'est dans cette fidélité seule que repose
» le salut de la patrie, et c'est ainsi que
» je rappelle les factieux à leur devoir pour
» éviter toute effusion du sang ». *Magna
exercitûs præmia, etc.*

Mais on peut encore , sans s'écarter des vrais principes politiques, pousser les réflexions plus loin , et dire avec Machiavel, s'il n'y a qu'un moyen violent, juste (1) ou injuste, qui puisse sauver l'Etat et la liberté, il ne faut pas balancer à le prendre , parce que la justice politique n'ayant de réalité qu'autant que l'Etat vit dans des rapports de convention , il faut toujours faire abstraction de ces rapports hypothétiques, en prenant le corps politique en masse, si ce ne sont plus que des considérations que les circonstances font disparaître , et qu'il faut oublier dans le moment. Le seul but sur lequel il faut se fixer est de *sauver l'Etat* et de trancher dans le vif , quoiqu'il soit, en général , plus avantageux de guérir avec douceur dans les Etats républicains. En pareil cas, c'est de la force armée que le citoyen doit attendre son salut. Il ne peut non plus l'attendre que de cette force, si une *Oligarchie* , telle que celle des 400 d'Athênes , médite le projet de s'asseoir sur les ruines de la liberté. Il est d'autant plus instant de prévenir les manœuvres d'une telle oligarchie, qu'elle peut avoir des ramifications très-étendues, et que le mal deviendrait incurable si on le laissait gagner plus avant. Mais il vaut donc mieux être

---

(1) « Permettez de violer la loi, disait Montes-
» quieu, lorsque la loi deviendrait un abus ». Or ,
elle devient un abus, quand elle ne peut plus atteindre
le but de l'association politique, qui est toujours :
« *Salus populi* ».

toujours sur ses gardes , et montrer que la force armée n'a pas oublié la patrie.

En supposant donc que l'armée d'Italie ou toute autre, ait présumé , sur des rapports vrais ou faux , que la patrie était en pareil danger , le soldat n'était-il pas en droit , comme citoyen et membre du corps politique , de protester à ses généraux de son attachement au pacte social, puisqu'il n'y a que le bras de la force armée qui puisse maintenir la république dans son intégrité. Or, la protestation de l'armée prouve qu'elle était fermement persuadée que la République était en danger. Cependant, cette armée n'a pas méconnue la subordination due à la discipline militaire ; elle est demeuré à son poste couverte de ses lauriers , et attendait l'ordre d'agir , ou de plus amples renseignemens.

Cette circonstance semblait cependant être pour l'armée une de celles qui rentrent dans ce principe général : *Salus populi suprema lex* , et qui démontre qu'en politique les règles sont susceptibles de nombreuses exceptions , ou de grandes modifications, si l'on veut sauver la chose publique. Rome, en République , a inutilement cherché la balance ou l'équilibre des pouvoirs , et se vit souvent obligée de recourir à la (1)

---

(1) La France sera peut-être trop heureuse de voir le Pouvoir Exécutif prendre ce parti pour la sauver , si cette lutte de l'esclavage contre la liberté ne cesse bientôt.

dictature qui faisait taire toute les loix. Ce chef absolu anéantissait ainsi la liberté pour la conserver ou la recouvrer. Mais Rome eut alors des vertus ; tant il est vrai que sans ces mêmes vertus , il n'y a ni gouvernement, ni obéissance ; il n'y a plus de loix ; tout est ou tyrannie, ou anarchie,ou au moins, gêne et versatilité : rien n'est stable que la force armée. Alors il faut ne savoir qu'obéir : aussi, lesgouvernemens arbitraires ne demandent-ils pas de vertus. *Oderint dum metuant,* disait Néron. De pareils gouvernemens sont toujours celui d'un parti contre le peuple ; et le peuple à la fin y est avec raison dégradé jusqu'à l'esclavage, parce qu'il n'avait ni émulation , ni vertus ; où il renverse l'oppresseur par réaction, afin de rentrer dans les rapports de l'existence politique avec des vertus , et la force que le maître employait pour subjuguer n'a servi qu'à le précipiter sans retour, si le peuple sait user de sa victoire.

Non , la force armée ne doit pas délibérer ; mais ne prenons pas ce principe dans le sens des factieux, c'est-à-dire, suivant eux, « que
» le soldat citoyen doit les voir indifférem-
» ment machiner la perte du corps politique,
» ou y établir telle forme qu'il leur plaira,
» y appeler le maître qu'ils voudront adorer;
» y confier l'administration à qui bon leur
» semblera ; enfin , disposer du sort et de
» la liberté de la patrie comme ils le juge-
» ront à propos. Le soldat ne doit pas
» compter ses peines, ses travaux , ses dan-

» gers, ses plaies, son sang, sa mort même.
» Tout cela n'est rien aux yeux des fac-
» tieux, ennemis du corps politique. Le
» gouvernement n'est que pour eux, ou pour
» leur idole, et ce soldat, trop heureux de
» se regarder comme un automate, doit
» même ignorer s'il a une patrie, ou si on
» la déchire, s'il a lui-même l'existence,
» excepté le moment où il doit se faire tailler
» en pièces pour procurer une vie paisible
» à ces enfans d'Epicure, à ces insolens au-
» tocrates.

Voilà, factieux, comme vous interprétez
le texte de la loi. Non, la force armée ne
doit pas délibérer. Elle ne délibérait pas sous
Scipion, sous Paul-Emile, sous Turenne,
sous Eugène, etc. Mais sous ces grands généraux le soldat était sûr que des factieux
ne déchiraient pas le sein de la patrie, qu'on
ne tendait pas dans l'Etat à une subversion
générale, qu'on ne portait pas atteinte aux
principes les plus sacrés de la société; enfin,
que la patrie n'était pas menacée plus intérieurement qu'au dehors.

L'armée d'Italie, ou toute autre, n'a paru délibérer que parce qu'elle a jeté la terreur parmi
les factieux, en protestant de son zélé brûlant
pour la défense de notre corps politique. Ils
ont vú ces factieux que cette protestation cou-
pait le fil de leur trame, et ils ont appellé
cette juste menace une délibération. Plaise
au ciel que l'armée ne soit jamais forcée
de délibérer autrement, et la patrie sera
enfin arrachée des mains des étrangers qui

la travaillent sans cesse, de concert avec
les lâches partis qu'ils y ont entretenu
depuis 5 ans! *Magna exercitûs præmia*, etc.

Français, la véritable cause de vôtre erreur vient de ce que vous n'avez même pas
l'idée juste de la bienfaisance : vous en faites
une vertu passagère, un épanchement du
cœur qui dure un instant, sans en faire un
principe de morale ; autrement, vous senti-
riez que la bienfaisance envers la patrie est
le devoir le plus sacré ; ce principe deviendrait la base de votre politique, et vous évi-
teriez tout ce qui pourrait altérer cette base,
vous sacrifiriez les intérêts même les plus
chers, pour l'instant, au besoin d'être utiles
à la patrie, sans le bonheur de laquelle vous
n'avez pas de véritable existence sociale,
bien loin de pouvoir vous dire heureux. Il
n'est donc pas étonnant que vous soyez
livrés aux factieux qui vous déchirent et
vous rendent le jouet de nos ennemis.

Il semble même qu'un assez grand nombre
de Français, sur-tout dans nos capitales,
ne se fasse pas plus de scrupule de se vendre
aux partis, que les Romains n'en eurent de
se vendre aux brigues, et d'insulter publi-
quement Caton, de ce qu'il venait d'obtenir
une loi pour arrêter les factions et le trafic
de toutes les charges publiques. Tant il est
vrai que si le gouvernement républicain est
le plus difficile à conquérir, c'est aussi le
plus difficile à maintenir dans son ensemble
et son intégrité, à l'abri des passions, si la
force armée s'assoupit.

Jusqu'au règne de Louis XIII, qui ne fut que le *prête-nom* de Richelieu, la France n'avait été agitée que par les factions d'une noblesse toujours récalcitrante, qui se liguait tantôt avec une puissance étrangère, tantôt avec une autre, pour vivre dans l'indépendance, en tenant le peuple dans le plus dur esclavage, et ne l'employant que comme l'instrument de ses passions ; aujourd'hui, c'est le peuple que l'on veut opposer au peuple en le déchirant par autant de lambeaux qu'il y a de concurrens pour absorber la république, dont les armées ont posé la base au prix de tant de sang ! et des hommes qui ont dirigé le bras du soldat dans ce pénible et sanglant travail, sont les premiers à lui faire un crime de vouloir maintenir l'édifice de la liberté, au lieu de dire avec Tacite : *Magna exercitûs prœmia*, etc! Ils ne voient qu'un rebelle dans ce fidele soldat, et n'apperçoivent pas un coupable dans ce soi-disant citoyen, qui met tout en œuvre pour perdre la patrie.

Quel est donc vôtre aveuglement? quel est vôtre but? Si l'on doit toujours espérer une amélioration dans le corps politique en proportion des succès des armées, et de leur fidélité à maintenir l'intégrité de ce corps, ne deviez-vous pas des éloges à ce soldat qui sent toute l'étendue de ses engagemens, plutôt que de déverser du blâme sur sa loyauté.

Vous violez vôtre serment en allarmant l'Etat par vos factions ; il est fidèle au sien ; il veut une patrie, vous n'en voulez pas

connaître; vous rampez devant l'idole q
vous adorez clandestinement, il ne re
hommage qu'à la liberté; vous lui refu
du pain, il vous envoie de l'argent pour
avoir; vous vivez dans le sein du luxe
des plaisirs, il se resout à toutes les priv
tions; enfin vous voulez vous perdre en re
versant le gouvernement, il vous dit qu
veut vous sauver malgré vous; et vous
traitez de rebelle!

Si vos complots ont ostensiblement cess
vous n'en travaillez pas moins secrèteme
à l'explosion que vous attendez de vos m
nœuvres; vous tenez l'Etat sur un volc
qui n'attend qu'une étincelle pour faire
plus terrible explosion, et vous dites q
c'est pour sauver la patrie, que vous la livre
en même tems, à toute la fureur des fa
tions! Que feriez-vous donc si vous déclari
que vous voulez la perdre? Tout homm
sensé, qui a vraiment intention de mainter
la liberté, se serre auprès du pacte soc
qui en fait la base, suppléer par un zèle a
dent à ce qui s'y trouve de manque, corrig
par pratique ce qui peut y être de mal co
certé, jusqu'à ce que les circonstances pe
mettent de réformer ce qui n'a pu se fai
autrement. Telle doit être la conduite
gens qui se disent citoyens, telle a été ju
qu'ici celle de nos armées; et vous leur fait
un crime de ce qu'elles vous protestent qu'ell
ne connaissent pas d'autres loix, de ce qu'ell
vous rappellent à la seule qui peut vo
sauver aujourd'hui? *Magna exercitûs pr
mia*, etc.

La déclaration pure et simple du soldat était seule capable de sauver la patrie, si toute l'assemblée législative eût montré autant de patriotisme que ces braves militaires ont montré de zèle pour le bien public. Mais de quel œil la France entière devoit-elle voir ses représentans (1) s'accuser si souvent de cabales, de factions, de trahison même dans le sein de leur assemblée, et passer ensuite à l'ordre du jour ? C'était donc une comédie, un jeu que cette fureur apparente avec laquelle on se dénonçait, on s'accusait, on se gourmandait en des termes les plus durs, les plus scandaleux ? En qu'elles mains la patrie a-t-elle donc déposé ses intérêts les plus chers? son salut même ? Que deviendrait cette patrie si le conseil des Anciens, toujours plus sage que les Cinq-Cents, ne tenait la balance avec le Pouvoir Exécutif ? N'est-ce pas dire ouvertement à ces deux parties du gouvernement : « Veillez vous-mêmes au salut de
» la patrie, car nous en sommes incapables ».

______

(1) Législateurs, si un sénateur romain se fût permis de tels écarts, un censeur l'eût fait sortir sur-le-champ du sénat, et il n'y aurait jamais eu place. L'exemple des chefs d'un État sert toujours de loi aux armées. Si le trouble règne parmi eux, s'ils n'y a pas de loi répressive pour ces écarts, si le *decorum* public n'y est pas respecté, jusqu'à quel point veut-on que les armées se soumettent à la discipline ? *ut quæque respublica melioribus legibus aut moribus fuit, ita militiam habuit meliorem. Juste Lipse.* Il n'y a que la censure des Romains qui puisse nous procurer cet avantage. Voyez Montesquieu, livre 5, chapitre 8 vers la fin, et chapitre 19, question 5e.

Si donc le Pouvoir-Exécutif, pour prévenir les déchiremens de l'État, avait averti la force armée du danger, lui avait dit de se tenir prête à tout évènement en attendant des ordres ultérieurs, si cette force armée, en conséquence, avait protesté tout entière de son dévouement au maintien de la liberté, qui osera dire que l'un et l'autre n'ont pas fait leur devoir? *Magna exercitús prœmia*, etc.

Si la France, sortant du cahos fiscal de la monarchie, avait été assez éclairée sur ses propres intérêts pour suivre l'avis d'Harrington, et ne choisir que des représentans incapables de connaître d'autres motifs que l'intérêt du peuple, la loi qu'elle s'est donnée ne serait pas actuellement menacée de se réduire à de l'encre et du papier, ou plutôt ne serait pas sur le point de mourir si la force armée ne venait pas à son secours. Cet événement est d'autant plus à craindre que dans un vaste État où des étrangers ont été nouvellement incorporés, quoique fort éloignés du centre, le patriotisme se fait d'autant moins sentir que les intérêts réciproques se lient plus difficilement, à cause de l'étendue du territoire. Cette vaste étendue devient même comme une barrière qui les sépare absolument et les empêche de se jamais connaître. Il faut donc alors de toute nécessité que le citoyen sache que la force armée est toujours présente, ou peut l'être au moindre soupçon de trouble, puisqu'il n'y a que ce seul moyen de maintenir sans interruption la
chaîne

chaîne de l'intérêt général, et la mutuelle
correspondance d'une extrêmité de l'Etat,
à l'autre. C'est ce que sentirent fortement,
les Romains, lorsqu'après avoir soumis tous
les peuples de l'Italie, ils se portèrent au-
delà des monts qui séparent cette contrée,
du reste de l'Europe. Ils établirent des co-
lonies, moins par des vues de (1) commerce,
et pour éviter la superfétation des habitans
de leur capitale ou de l'Italie, que pour avoir
une raison politique d'y entretenir une force
armée ; et c'était ainsi qu'ils suppléaient au
défaut du patriotisme, qui fut pour ainsi dire
toujours nul dans les contrées éloignées de
la capitale, malgré le droit de cité qu'elle
avait ensuite accordé à quelques parties de
ses conquêtes. C'est ce point essentiel que
devaient envisager ceux qui ont soutenu que
la France ne pouvait jamais être régie en
république. Elle peut l'être, mais sans qu'il
y ait dans les provinces éloignées du centre
plus de patriotisme que sous la monarchie.
On ne s'intéresse guère à ceux qu'on ne
connaît que par oui dire.

Harrington pensait qu'une noblesse pa-

---

(1) Les Romains méprisaient le commerçant, ne
lui donnaient même pas entrée aux emplois publics,
tandis qu'ils y recevaient un boucher. Cependant
Cicéron ne blâmait pas celui qui faisait le commerce
en grand. Aristote ne permettait le négoce qu'aux
esclaves. Dans plusieurs républiques anciennes, il
fallait avoir quitté le négoce depuis dix ans pour
être admis aux emplois publics, tant la bonne-foi du
négociant était suspectée.

B

tricienne , telle que celle de Rome, pouvait devenir pour un peuple libre un aiguillon qui l'empêchât de tomber dans cette léthargie politique qui amène la mort des Etats populaires. Mais Blackstone a mieux vu, en disant qu'aucune noblesse n'était compatible avec un gouvernement républicain.

La seconde cause et la plus puissante de la léthargie politique d'un peuple, est dûe, sans contredit, à ces débats scandaleux (1) des législateurs qui paraissent ainsi plutôt livrés à des partis que dévoués au bonheur public. L'allarme, ou au moins l'inquiétude se répand dans tous les rapports de l'industrie et du commerce ; les affaires demeurent dans une stagnation perpétuelle ; l'inertie s'empare de tous les bras, et malgré soi on désire de sortir de cette gêne , de cette incertitude ; on veut un autre ordre de choses, et l'on saisit souvent le plus mauvais parti , sur-tout si des factions savent se faire entendre avec quelque apparence d'un intérêt réel. Une telle conduite dans des législateurs , oblige donc nécessairement celui qui a la direction de la force armée à faire sentir qu'elle n'est pas indifférente, puisqu'il ne reste plus que ce seul moyen de conserver ce que la léthargie

____

(1) J'invite nos législateurs à bien méditer les numéros 11, 12, 13 du chapitre 10 d'Hobbès, au titre *imperium*. Ils verront s'il ne les a pas peint comme s'il les voyait, et les entendait discuter les intérêts publics.

politique semble condamner à la destruc-
tion. Il résulte delà que cette force armée
s'attache préférablement au Pouvoir Exécutif, et avec raison, puisqu'elle ne voit plus
d'ensemble qu'avec lui seul. Alors il peut
dire comme Scipion, qui seul forma un ensemble pour aller vaincre Annibal avec ses
trente mille hommes et sa flotte, après les
débats inutiles du Sénat : « Oui, si je dis à
» ces soldats de se précipiter du haut de
» cette tour dans la mer, ils ne balanceront
» pas. » Mais si le Pouvoir Exécutif n'a-
vait pas les vertus politiques et le désinté-
ressement de ce Romain, ne peut-il pas se
rendre absolu, n'y est-il même pas forcé,
ou au moins n'a-t-il pas droit de menacer
de s'emparer de ce pouvoir, s'il n'y a plus
que ce moyen de sauver l'Etat de sa ruine ?
N'est-ce pas là l'extrêmité à laquelle ce
manque d'accord et d'union sur les intérêts
de la patrie l'obligent d'avoir recours ? Et
s'il fait sentir ce qu'il pourrait en pareilles
circonstances, si la force armée l'assure de
sa fidélité à son devoir, et comme soldat et
comme citoyen, l'un et l'autre ne font ils
pas leur devoir, loin d'être traîtres à la patrie ? Disons avec confiance qu'ils ne méri-
tent que des éloges. *Magna præmia exer-*
citus, et multò maximum decus, si inco-
lumitatem reipublicæ sinè sanguine quæ-
sierit.

La France a couvert les débris du trône
avec la table majestueuse des Droits de
l'Homme et de ses devoirs : mais pour affec-

tionner ces droits, pour les faire valoir, les défendre avec cette grandeur digne du burin de la nature qui les a elle même écrits dans le cœur de tous les peuples que le despotisme n'a pas abatardis, il fallait la vertu d'Aristide. Il fallait aussi cette vertu pour sentir toute l'étendue de ce qu'on doit à son semblable, et sur tout à la Patrie. Quel est le Français qui ait jusqu'ici fait briller cette vertu dans les discussions des intérêts de la liberté? ou plutôt quel est celui qui n'ait pas parlé pour lui-même en voulant paraître plaider la cause du peuple ? Heureusement le soldat a suppléé à tout. La valeur militaire a triomphé du scandale des vices politiques. Que faisait-on, en effet, tandis que le soldat versait son sang pour amener ces jours où l'on devait répandre les germes de cette sublime vertu qui seule fait le vrai patriotisme?

Chacun a détaché le lambeau qu'il a pu s'approprier de la fortune publique: on s'est dit citoyen, et l'on n'a été que chef de parti; la République n'a existé que comme un fantôme ou un spectre dont on n'osait soutenir le regard: les uns ont reculé à cet aspect pour ne plus voir de Gouvernement, tandis que les autres tâchaient de se familiariser avec ce fantôme, en s'enfonçant dans des ruines.

Le soldat, au contraire, s'est fait une image sublime de la patrie à l'aspect des débris du trône: il s'est promis un état brillant pour la France: il a cru voir dans l'ave-

nir ses concitoyens heureux par l'amour du
bien public. Il a espéré trouver des mains
compatissantes qui fermeraient avec atten-
drissement ses plaies glorieuses, des mains
qui suppléeraient par la reconnaissance à
ses membres mutilés : il aimait à pressentir
ces doux instans, où, reçu dans les bras de
ceux dont il avait assuré le bonheur, il pres-
serait son cœur contre celui d'autant de frères qu'il rencontrerait de français.

Mais que la scène a changé pour lui !....
des lâches qui se sont soustraits à la défense
de la patrie lui font un crime, un sujet d'op-
probre de sa valeur, de son brûlant civisme,
de son attachement inviolable à son devoir.
On l'insulte, on le couvre de mépris dans
les capitales même où il devrait particu-
lièrement s'attendre aux élans de la plus sin-
cère amitié. Celui qui a péri sur le champ
de bataille, en laissant à ses compagnons
d'armes la moisson de ses lauriers, espérait
vivre avec toute la postérité, y entendait,
dit Harrington, rappeler son nom, son courage dans les siècles les plus reculés ; son
patriotisme lui paraissait cité avec toute
l'affection dûe à son dévouement : enfin il
s'est cru heureux de mourir pour la patrie
qu'il voyait libre. Quels traits d'héroïsme
cette lutte glorieuse n'a-t-elle pas produits ?
Soldats qui avez été portés par votre courage jusqu'à franchir le pays ennemi sur
les glaces de l'Océan même, pour y aller
prendre des flottes à cheval, j'en atteste

ici votre valeur, le feu brûlant de votre héroïsme, quoique ce courage, cet héroïsme, ne soient aujourd'hui aux yeux des traîtres et de nos ci-devant patriciens, que le caractère même du brigandage. Je doute même que l'émule des héros de Marathon trouvât un Démosthène qui voulût célébrer sa valeur et son patriotisme. Ne soyons donc pas surpris que tant d'écrivains ignobles s'efforcent d'étouffer dans tous les Français le cri de la reconnaissance. Pour connaître et peindre la grande ame d'un héros, il faut l'avoir vu exhaler cette grande ame au champ d'honneur.

Que devait donc faire le soldat en pareilles circonstances ? Devait-il flétrir des lauriers dont il était dépositaire, et qui devaient ceindre le front de son compagnon d'armes mort à ses côtés ? Non. Aussi tôt qu'il eût appris que des lâches tendaient à bouleverser le Gouvernement, il devait s'écrier « Non, traîtres, vous ne flétrirez pas ces lauriers, vous n'en couronnerez pas le despote que vous projettez de placer sur le trône : c'est à la patrie qu'ils appartiennent, et non à ce fantóme de divinité que vous adorez déja en secret. Nous avons fondé la République, et malheur aux traîtres qui tenteront de la renverser : telle est notre pure et simple déclaration ». *Magna exercitus prœmia*, etc.

La République française, heureusement mieux concertée que plusieurs anciennes ou modernes qu'on aurait à citer ici, n'aura pas à craindre à la paix cette oisiveté, ce désœuvrement qui faisait de l'habitant de Lacédémone une véritable brute, dès qu'il n'avait plus les armes à la main. Aussi (1) ne vivait-il pas longtems en paix. Le soldat Français, au contraire, trouvera dans les occupations que lui fournira sa propriété ou le gouvernement, le moyen d'exercer son industrie et ses talens, parce qu'il n'y a plus en France d'homme exclusif qui ait droit de tenir des îlotes au même service que le bœuf de labour.

Cependant la guerre peut se rallumer : la loi à laquelle le corps politique s'est soumis, suppose que tout citoyen doit ses bras à la défense de la patrie ; elle n'admet même à cet honneur que des citoyens Français. Est-ce donc en blâmant le dévouement, le patriotisme du soldat que vous rappelerez le citoyen aux armes, si la République est attaquée, et a besoin de défenseurs ? Tout Français doit concourir à la défense commune, et vous dites que le soldat a mal fait de vous assurer qu'il était encore Français, qu'il devait ignorer si la patrie était déchirée par des factieux, que cet objet ne de-

---

(1) Ceux qui ont dit que les loix de Lycurge avaient maintenu cette république pendant 5 à 6 siècles, se sont étrangement trompés. La seule force des armes l'a fait subsister ; mais suivant en tout les principes du despotisme qui, selon Montesquieu, ne veut qu'un vide affreux autour de lui, dès qu'elle eût fait ce vide autour d'elle, elle croula sur les ruines des États qu'elle avait renversés, et elle disparut.

vait pas entrer dans ses réflexions. *Nul corps armé ne doit délibérer.*

C'est bien là le cas de dire avec Harrington, que si le trop (1) grand nombre de loix tend au pouvoir absolu, parce que l'anarchie qui en résulte ne cesse que par le despotisme, le trop peu de loi, ou une loi incomplette n'y tend pas moins non plus. Or, qui le désire aujourd'hui ce pouvoir ? Ceux qui font l'application de la loi à leur avantage ; ceux qui craignent la force armée, parce que sûrs de diriger à leur gré un peuple incapable de connaître ses véritables intérêts, ils ne voient que cette force capable d'arrêter leur ambition , et le projet qu'ils ont de rappeler le régime fiscal de la Monarchie, et toutes ses conséquences oppressives.

Prenons donc la loi à la lettre. Que demande-t-on au soldat qui prend les armes pour voler à la défense de l'Etat ? De faire serment de servir la patrie contre tous ses ennemis tant au-dehors qu'au dedans. Qu'a

---

(1) C'est à cette malheureuse conséquence que tend cette *fourbe* de loix incohérentes que rendait tous les jours le Corps législatif. C'est aussi par cet abus, selon Montesquieu, que la monarchie passe insensiblement au despotisme, parce qu'il faut alors recourir à la volonté d'un seul pour se tirer du labyrinthe obscur des loix. Or, la volonté d'un seul établit sur-le-champ le pouvoir absolu. Une loi incomplette n'a non plus de sens que par la volonté de celui qui à le pouvoir en main : il peut donc la completter à son gré.

fait l'armée que l'on accuse de rébellion ? Elle a réitéré ce serment à la demande de ses généraux, comme l'ont fait plusieurs fois les armées romaines à la demande de leurs chefs. Ces généraux ont transmis au Pouvoir Exécutif cette nouvelle protestation de fidélité du soldat, et d'être prêt à voler à la défense de la liberté ; peut-on présumer qu'ils n'ayent pas supposé l'ordre du pouvoir qui devait les mettre en action ? Non. Une si brave armée n'est pas composée de fous, et il faudrait la présumer telle. Le Romain était citoyen lorsqu'il réitéra plusieurs fois ce serment ; le soldat Français l'est aussi : mais le Français de l'intérieur encore assoupi sur les vices de la monarchie, ne peut renoncer à cette corruption pour avoir une patrie, et l'on blâme celui qui veut en avoir une !

Patriciens de l'ancien régime, adorateurs de nos anciens despotes, c'est vous sur tout que cette protestation a blessés. Cependant, qui sont ceux qui ont renversé le trône, anéanti la noblesse et la royauté ? N'est-ce pas vous ? Certes ce n'est pas l'ouvrage du peuple. Accoutumé depuis long-tems à porter ses chaînes, il les adorait pour ainsi dire, encore pénétré de cette bassesse qui n'en faisait à vos yeux que des hommes de boue. S'il s'est plaint quelquefois, il n'osait remuer qu'autant que vous le mettiez en action. Ce peuple avait-il jamais été autre chose que l'instrument que vous vous menagiez contre le pouvoir arbitraire ; et ne l'avez

vous pas brisé comme un faible roseau lor-
que vous n'en aviez plus besoin ? Combie
de fois n'a-t-il pas porté la peine de vos r
voltes , ou des trames de votre ambition

Enfin , vous lui avez fait entendre qu'
avait des droits à la liberté, vous lui ave
mis les armes à la main pour le rendr
libre , disiez-vous ; mais effectivement pou
redevenir indépendans , tels que vous ave
toujours voulu être ; et vous trouvez mal au
jourd'hui que , devenu libre , ce soldat c
toyen vous dise : J'ai fait le serment d
défendre la liberté ; je le réitère ce sermen
contre tout homme qui voudra me la ravi
Aussi ambitieux que les patriciens Romain
qui profitèrent de cette lubricité d'un jeun
roi, si ordinaire aux votres, pour renverse
le trône et s'emparer du pouvoir , vous ave
lâché un tigre contre toute la France : il n'
que trop malheureusement secondé vos vues
mais trompés dans l'espoir de vous empare
de la puissance , et voyant le peuple libre
vous frémissez de la liberté! Frémissez plu
tôt de votre propre ouvrage s'il a fait votr
perte. Le soldat n'en sera pas moins répu
blicain : ils vous obligera de l'être , s'il sen
toujours le prix de cette liberté : il vous dé
fendra de répandre plus de sang. *Magn*
excercitûs prœmia , etc.

Lorsque vous vous êtes vus déchus d
votre espoir, vous avez eu recours à l'étran
ger , aux deux ennemis jurés de la France
Vous leur avez préparé les moyens de sub
juguer cette patrie qui s'échappait de vo

mains ; vous avez abandonné la France à tous les fléaux qui devaient résulter de votre ambition trompée , aimant mieux la voir déchirée par lambeaux que de ne pas en être les maîtres. Certes , si vous ne nous eussiez pas abandonnés , si ensuite vous n'eussiez pas fait agir intérieurement les étrangers les plus capables d'imaginer tous les maux qui nous ont accablés , si vous n'eussiez pas divisé ce peuple contre lui-même , espérant le réduire ensuite plus facilement , la France eût pu devenir libre sans toutes les horreurs que vous y avez répandues. La France , vendue et livrée par vos trames aux ennemis , a été couverte de crimes , et vous reprochez aux Français ces crimes qui ne sont que ceux de votre fureur. Vous traitez de séditieux ce soldat , qui en dépit de vos perfides manœuvres , vous réitère qu'il saura être libre , et défendre la liberté de la patrie.

Il est tems d'être juste si vous sentez combien vous avez d'intérêt à l'être , si vous êtes susceptibles de mettre à la valeur du soldat le prix infini qu'elle mérite. Toujours jettés d'illusion en illusion , vous vous êtes bernés d'un espoir qui ferait la perte de la patrie , et votre propre malheur s'il paraissait un instant se réaliser : où vous a conduit cet espoir de ramener la monarchie ? A voir périr sous la griffe d'un tigre vos pères , vos mères , vos femmes , vos enfans , vos frères , vos amis; coupables ou innocens de tout âge , de tout sexe , il a tout dévoré : et vous demandez même aujourd'hui des sentimens de pitié

que vous n'avez pas connue , ou que vou
deviez avoir pour la patrie , pour vos parens
vos amis , que vous faisiez ainsi périr e
cherchant à consommer la ruine de l
France ; des sentimens, dis-je, auxquels vou
renonceriez bientôt , si le sort vous renda
arbitres de notre vie ou de notre mort
comme vous l'espériez si audacieusemen
Eh bien ! oui *alea jacta est* , disait César
le Rubicon est passé ; et si le Français e
plus sage que le Romain, jamais il ne rentrer
sous le despotisme. Le seul souvenir du so
dat , mourant pour la patrie , fera encor
pâlir le lâche courtisan , et le perfide patri
cien. Bourreau ! voila assez de sang de versé
disait Mécène , au cruel Octave , qui se re
paissait les yeux de sang qu'il faisait couler
Non , le citoyen ne s'égorgera plus , le sol
dat vous le proteste. *Magna exercitus præ
mia , etc.*

Il est tems , oui , il est tems de senti
qu'il y a dans tous les corps politiques u
intérêt commun qui n'est jamais blessé san
danger et si cet intérêt ne peut être dis
cuté par les armées, elles ont au moins l
droit de dire qu'elles sont prêtes à le dé
fendre. Oui, je le répète, cette déclaratio
du soldat devient d'autant plus importante
que l'accession des nouvelles conquête
fait actuellement de la France un tout, don
les parties n'auront, qu'avec le tems , cett
liaison , cette cohérence nécessaire à forme
un seul et unique corps politique; et que
conséquemment , il n'y a que la force armé

qui puisse suppléer à cet accord , par le respect qu'elle doit imposer pour la loi, lorsque les premiers citoyens se déshonorent aux yeux de toute l'Europe. Il ne peut donc résulter qu'un avantage , si cette force armée, de concert avec ses Généraux et le Pouvoir qui la met en action , fait entendre sa voix , surtout dans un État où il règne la lutte la plus formidable entre les principes du despotisme et l'amour de la liberté. La France , avant la révolution , a-t-elle même été exempte des secousses qui devaient résulter de la différence des loix , des usages , des prétentions de tant de provinces qui avaient été réunies , soit par des concessions , soit par le droit de conquêtes? A plus forte raison, sera t-elle encore long-tems exposée à de pareils mouvemens , jusqu'à ce que tous les esprits soient amenés au point central du civisme nécessaire à la paix intérieure, et au bonheur de la patrie. Dans le sein de la paix, sans doute, la protestation de l'armée eût été blamable, parce qu'elle eût été sans objet : mais, lorsque, dans une terre étrangère où elle a encore l'ennemi en présence, elle apprend que l'intérieur de la patrie est travaillé par de coupables factions , condamnera t-on le zèle qui lui fait dire avec ses généraux : « Factieux, arrêtez-vous, nous » connaissons vos complots : oui, nous ju- » rons encore que la patrie, quelque éten- » due qu'elle soit, ne sera plus déchirée ». *Magna exercitûs præmia, etc.*

Mais, arrêtons-nous un instant sur la

position de nos armées. Par quelle fatalit
les a-t-on, pour ainsi dire, aban lonnées
elle-mêmes depuis quelque tems , sans le
moyens nécessaires de subsister ? N'est c
pas chercher à les faire révolter , à les dis
soudre , à les tourner même contre la pa
trie ? Ce ne peut assurément pas être la faut
du Pouvoir Exécutif , il a trop d'intérêt
faire triompher la cause de la liberté. J.
ne puis sonder plus avant ce mal, j'y ap
percevrais, peut-être , par erreur, ce qu
d'autres présumeraient avec plus de raison
que je ne pourrais en présenter ici. J'y voi
cependant assez clairement l'influence bie
sensible des manœuvres des ennemis inté
rieurs liés avec ceux du dehors pour ren
verser notre système politique.

N'aurait-on sous les yeux que les déchi
remens fréquens qui arrivaient dans l'as
semblée des Cinq-Cents, où certes les *cin*
sens ont été dans des traîtres trop souven
insensibles aux maux de la patrie, il serai
facile d'appercevoir la cause du mal : on e
parla souvent de tems à autre , et l'on passai
à l'ordre du jour. Puisqu'il y avait des traî
tres, comme plusieurs députés le disaient hau
tement , ce ne peut donc être qu'à eux qu'o
doit imputer la cause de ce mal si dange
reux , et dont on ne considère pas assez le
funestes conséquences. Magistrats suprêmes
qui par votre ensemble formez la puissance
du peuple, pesez mûrement ceci. Le solda
se fatigue enfin d'être dans la pénurie; alor
il est hors de la loi, parce qu'il s'y met lui

même. Bientôt il ne connaîtrait plus que son épée et le besoin. Comment arrêter la révolte d'un soldat qui ne s'y est porté qu'après avoir fait long-tems le métier de brigand auquel il aurait été forcé ! Il n'est plus alors de respect humain qui le retienne. Il faut qu'il y ait vraiment dans le cœur du soldat français un grand amour de la liberté et de la patrie, pour avoir souffert de si longues privations sans éclater, sans avoir trahi la chose publique, sur-tout étant en présence de l'ennemi. Non, celui qui déserte parce qu'il n'a ni pain, ni habit, n'est pas coupable ; l'animal a au moins la liberté naturelle de pourvoir à ses besoins. C'est cette désertion que vous desiriez, hommes coupables ; voilà les héros que vous vouliez.

Le danger est d'autant plus grand que les armées sont oisives. « Si c'est une chose fâcheuse, » dit (1) Xénophon, de nourrir un homme » oisif, et plus fâcheux encore de nourrir une » famille entière qui ne fait rien, le plus » fâcheux de tout est de nourrir une armée » dans une longue oisiveté ». Que doit, à plus forte raison, devenir une armée qu'on tient oisive sans pourvoir à ses besoins ? Ou elle revient contre la patrie, ou elle est nécessairement (2) la victime de l'ennemi.

---

(1) Cyropédie.

(2) *Facile superatur qui senescit in dies qui non commeatus non supplementum, non pecuniam habet.* Tite-Live.

Ainsi, la patrie se voit exposée au dang
d'être déchirée par ses propres citoyen
ou d'être la proie de cet ennemi, su
tout s'il est sûr d'avoir dans l'intérie
un parti prêt à le recevoir. Tel est cepe
dant le rôle que jouent ceux qui parvienne
à délaisser ainsi nos armées, à les use
comme par décrépitude, dans cette langu
sante oisiveté.

Français, lorsqu'on vous a traitez
peuple léger, inconséquent, a-t-on eu tor
Quoi! vous tenez votre bonheur dans v
mains, et vous le foulez aux pieds! vous mu
murez contre le soldat qui vous assure d'
attachement inviolable à la patrie, vous
tenez même dans une pénurie qui vo
déshonore, vous le poussez à la (1) révolt
et vous dites qu'il est un séditieux? non, so
dats, ne le soyez jamais : ayez toujours
patrie sous les yeux : n'oubliez pas que vo
avez jusqu'ici fait votre devoir, Et vous
ferez toujours. Admirés de toute l'Europ
méprisez les clameurs et la haine des fa
tieux; mais soyez toujours prêts à les cor
battre. Vous avez une patrie, ils n'en o
pas, puisqu'ils ne sont plus d'accord av
vous. Considérez toujours le sang que vo
avez vu couler des plaies de ces héros q
sont si glorieusement morts à côté de vou
et la patrie n'aura jamais que de fidèles d
fenseurs. La patrie leur a déjà élevé da
son cœur l'urne où doivent reposer leu

____

(1) *Inops miles bella civilia appetit.* Tacit.

cendre

cendres. Elle y a écrit en caractères inéffa-
cables.

DESPOTES.

TREMBLEZ.

DEVANT. CES.

CENDRES. GLORIEVSES.

DES. DÉFENSEVRS.

DES.

DROITS. DE. L'HOMME.

ET.

DE. LA. LIBERTÉ.

ERRATA.

Page 14, ligne 23. Suppléer, lisez *supplée*.
Page 14, ligne 24. Corriger, lisez *corrige*.

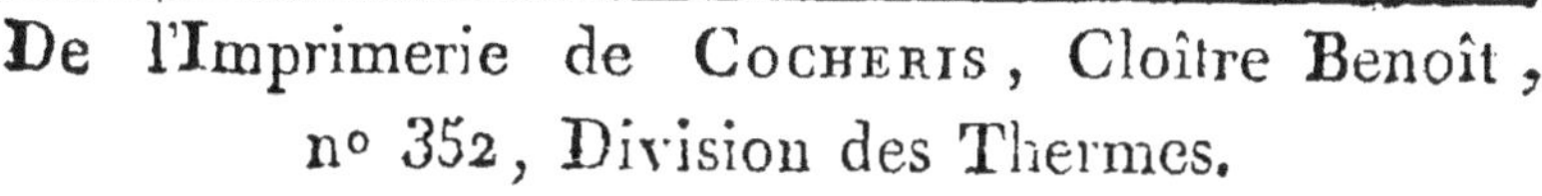

De l'Imprimerie de COCHERIS, Cloître Benoît,
n° 352, Division des Thermes.

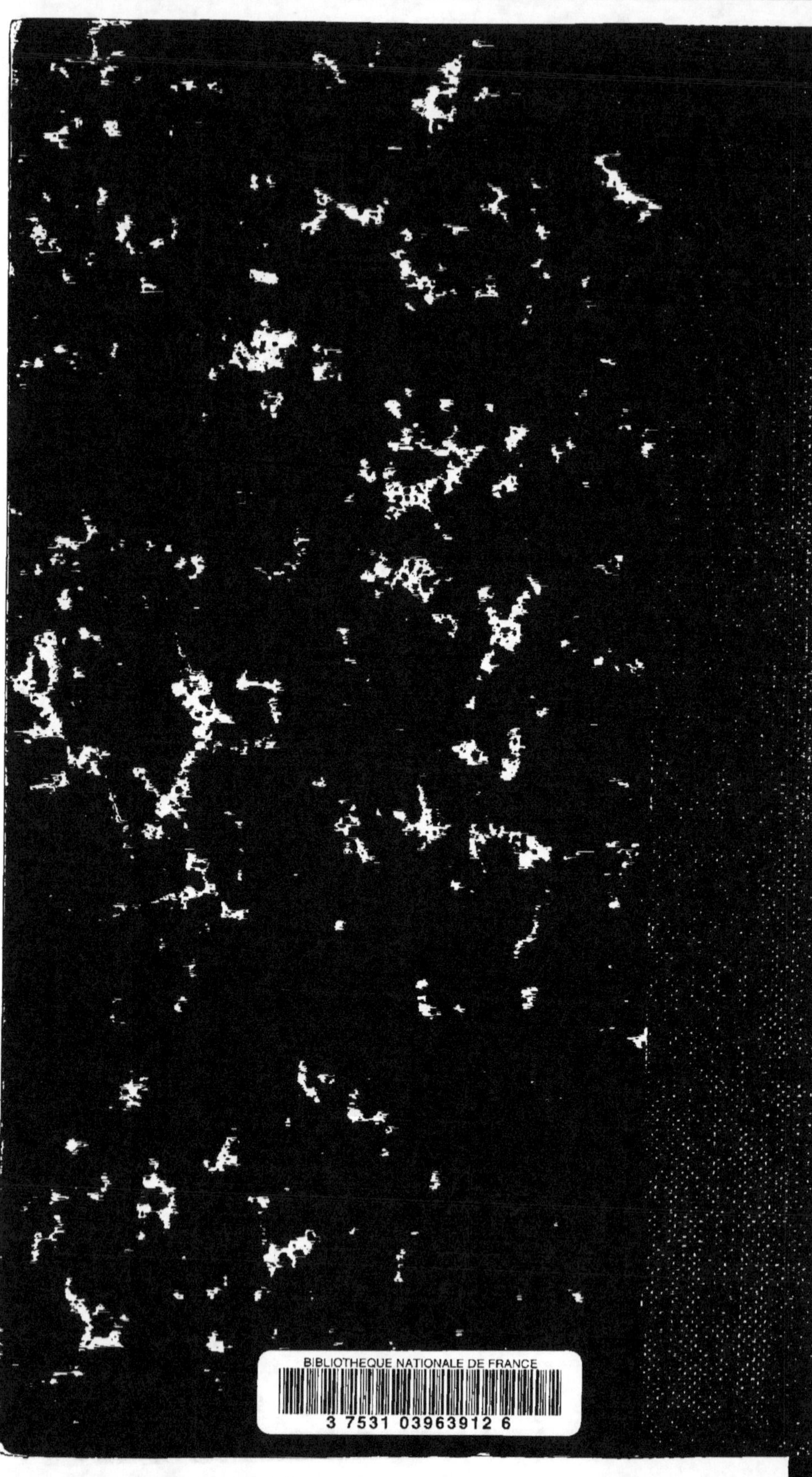